TAMBIÉN SE ADMITEN SOLUCIONES

GONZALO ROBLES

TAMBIÉN SE ADMITEN SOLUCIONES

Aforismos sobre fe, moral y costumbres

EDICIONES RIALP
MADRID

© 2024 Gonzalo Robles
© 2024 *by* EDICIONES RIALP, S.A.
  Manuel Uribe 13-15, 28033, Madrid
  (www.rialp.com)

Preimpresión: www.produccioneditorial.com

ISBN (edición impresa): 978-84-321-6748-5
ISBN (edición digital): 978-84-321-6749-2
ISBN (edición bajo demanda): 978-84-321-6750-8
ISNI: 0000 0001 0725 313X
Depósito legal: M-7320-2024

Impreso en España   *Printed in Spain*
        Estilo Estugraf, S.L. Ciempozuelos (Madrid)

«Nadie puede imponer la fe, la moral
o las costumbres. Esto es el ADN
de la democracia».

JOSÉ LUIS RODRÍGUEZ ZAPATERO

ÍNDICE

FE

1. Quítate el reloj cada noche como ejercicio de la virtud teologal de la esperanza, anticipo de ese momento en el que nunca más lo necesites.

2. Estimados obispos: si en vuestra catedral cobráis entrada, como en un museo; si hay audioguías, como en un museo; y si se programan visitas en grupo, como en un museo, con sumisión filial y no demasiada perspicacia me atrevo a deciros que no tendréis una catedral, sino un museo.

3. Con el mismo afán del sacerdote cuando borra las huellas de Dios en el cáliz, ella limpia las gafas oscuras de su marido ciego.

4. Al asumir una tarea despreciada por otros se colabora de un modo especial en la redención de este mundo, porque se pone un hombre reparador donde hubo cobardía, vanidad o pereza (tal vez fatiga justificada, quién sabe).

5. La sinfonía de la historia del mundo tiene como compás el sonido de los martillazos al Crucificado.

6. «A ese no, a Barrabás». Como para quejarse de ciertas predilecciones discutibles.

7. Cuántos de los pasajes evangélicos que ahora pueden parecer oscuros arrojarán luz a las generaciones venideras.

8. Sugerencia de lema episcopal (pendiente de traducción al latín): «Todo lo que digas podrá utilizarse a tu favor».

9. «Te seguiré a donde vayas». El evangelio está lleno de declaraciones de amor para no románticos.

10. Se supone que un agnóstico es un señor que ni afirma ni niega que Dios exista.

Entonces, ¿por qué todos los agnósticos viven como si Dios no existiera?

11. El descubrimiento de que había una casa de citas en la Pamplona de los años cuarenta —por entonces, una especie de Las Vegas del orden moral y la piedad— confirma la huella profunda que el pecado original ha dejado en nuestra naturaleza.

12. "Nueva evangelización": no sé si es pleonasmo o *contradictio in terminis*.

13. *Dies irae*, tema tabú para ciertos sectores clericales, a pesar de que la amenaza de un Dios omnipotente capaz de castigar al injusto es la gran defensa del débil frente a los poderosos.

14. «Aunque tenga que morir contigo, jamás te negaré». El ejemplo de Pedro aconseja que las promesas se hagan en silencio.

15. Sepan sus mercedes, poderosos todos, dignísimos *epulones*: la sangre derramada para mover el molino de la historia es de

inocentes cuya saliva no podrá aliviar vuestras llagas cuando se abra el abismo.

16. Nota sobre el comentario anterior: contra los grandes de este mundo, se admite el tremendismo.

17. Qué contraste entre el lenguaje forzado y abstracto de bastantes de las peticiones en misa, rezumantes de intelectualismo clerical, con la sencillez del *danos hoy nuestro pan de cada día*.

18. Algunos integristas se empeñan en el martirio por un motivo concreto, más bien político y accidental, que a su juicio lo merece (no hablamos de una muerte física, sino "civil", la condena al ostracismo). Y reprenden a otros por no poner también el cuello en esa guillotina. En su día, hubieran reprochado a Thomas More su silencio.

19. Por lo demás, hoy el cristiano tiene tantas causas para el martirio que parece sensato respetar esa última libertad de que cada uno elija la suya.

20. ¿Y dices que a la preparación eclesiástica para el matrimonio se le llama "cursillos"?

21. Parece bastante razonable la existencia del Purgatorio, forja donde se terminan de enderezar nuestras intenciones.

22. *Pródigo*, según el diccionario: «Que desprecia generosamente la vida u otra cosa estimable». O sea, el hijo pródigo también era el otro.

23. Ese pequeño crucifijo de metal encontrado en el césped de un jardín, sucio y oxidado por el barro, no puede ser mejor recordatorio de que la cruz auténtica es la que nadie quiere.

24. Iba tan concentrado pensando en su homilía sobre la parábola del buen samaritano que no pudo verle esperando en el confesionario.

25. «Al marchar Jesús de allí, vio a un hombre sentado al telonio, que se llamaba Mateo, y le dijo: "Sígueme". Él se levantó y le

siguió». Mateo en su evangelio nos enseña cómo hablar de uno mismo.

26. Como niño y adolescente que padeció las liturgias de los 70 y 80, en aquellos garajes llamados complejos parroquiales, soportando homilías castristas —por la duración y por el contenido—, cánticos contrarios al buen gusto y la sintaxis, y ofrendas de botas de fútbol, patines y balones de baloncesto (todo usado y bien sudado), tengo por prueba mayor de la fortaleza de la Esposa de Cristo que hoy conserve mi fe.

27. Que el mal acabe por prosperar en todos los siglos confirma la intuición miltoniana de que el demonio sigue esforzándose porque no sabe que ha perdido.

28. La Ilustración y sus derivados pueden verse como causa del declive del cristianismo o como gran oportunidad todavía no del todo perdida para un nuevo apogeo.

29. Resulta consolador el pensamiento de que los mercaderes fueron también expulsados por atentar contra la belleza del Templo.

30. Día de la Anunciación, nueve meses antes de la Navidad. Dios pide permiso a una chiquilla para entrar en la historia. Y lo hace mediante un intermediario. Se comprenderá que para ilustrar la libertad algunos prefiramos a fray Angelico sobre Delacroix.

31. Supuesta una buena gestión —lo cual, a veces, es mucho suponer—, en una familia cristiana hay que ver con alegría que el presupuesto ande siempre ajustado. Cuando el Señor es el pastor, todo nos falta.

32. Con qué fuerza empezaron en el xvi. Esplendor y decadencia durante el xvii. Desde el xviii, retirada, al principio hacia el integrismo, luego tirando más bien hacia la asimilación. ¿Y si la Reforma —sin Contra, por favor— se quedó a medias?

33. La reverencia ante la Eucaristía no es una cuestión de *politesse*, ni de *estilos eclesiales*, sino de fe. El niño sin bautizar que va a misa cuando está con su abuela, el turista cansado que por un momento se sienta en

el banco de la iglesia o el que acude a un funeral solo por amistad, no pensará que en el pan y el vino está Dios, pero debería quedar completamente convencido de que sí lo cree el sacerdote.

34. El problema de la Iglesia alemana —como el de todos los galicanismos—es que es más alemana que Iglesia.

35. Pese a lo mal que nos ha tratado tantas veces Roma, no deja de ser una prueba de la universalidad del catolicismo español —valgan la redundancia y la contradicción— que aquí no haya habido intentos serios de una iglesia nacional. Nuestro espíritu misionero es causa o efecto (o las dos cosas a la vez) de esa universalidad. Quiero decir —ay— era.

36. Los santos se dan de cruces con la realidad.

37. Dios está en todas partes. *Ergo*, el demonio también.

38. La suerte del cristiano es que toda la mala suerte es buena.

39. ¿Pero es que se puede estar en misa de otro modo que no sea —de alegría— repicando?

40. Las policías del mundo saben que cada voz humana es única. Según tengo entendido, no ocurre lo mismo con los ladridos, maullidos, mugidos y otros sonidos animales. Esa diferencia tendrá sus explicaciones biológicas, pero déjame pensar, oh, materialismo dominante, que esa rareza en el reino animal responde a la voluntad de un padre que quiere distinguir a cada hijo que viene al mundo también por su voz.

41. «La Iglesia me discrimina», dice un divorciado. Al revés: no quiere rebajarte el ideal de santidad.

42. Haces esos milagros cotidianos como el que no quiere la cosa, para que no perdamos la libertad con la que amarte.

43. Más o menos apropiados a las circunstancias, la gente recuerda dichos paternales, esa matraca de «como decía mi padre...». Pero yo solo encuentro en la memoria una admiración adolescente que perdura

por la imagen de un Meyba y unas costras
—cuanta oración he costado— a la altura
de las rodillas.

44. Dios es tan discreto que consigue que nadie hable de la discreción de Dios.

45. La santidad es una extraña competición que solo se gana si uno se considera siempre aspirante.

46. *Síndrome del Arca de Noé*: a resguardo de la tormenta, mirar sin misericordia a todos aquellos que perecen ahogados en el diluvio de la posmodernidad.

47. Si un católico quiere que su funeral sirva para el rezo por su alma y la edificación de los asistentes se aconsejan las siguientes previsiones:

—Que la música sea fúnebre y tenga al menos un siglo de antigüedad.
—Que la homilía trate sobre la palabra de Dios y no sobre las (supuestas) virtudes del difunto.

—Que la liturgia no se vea alterada por la lectura de poemitas o de una carta leída entre sollozos por algún sobrino-nieto, de trato más bien circunstancial con el finado.

—Que se retiren los centros de flores cursis (o sea, todos).

—Que nadie del público salga al presbiterio para dar las gracias por la asistencia, como si aquello fuera un concierto.

—Amarremos: que nadie del público salga al presbiterio.

—Que se vaya llorado.

48. Un acto de adoración, ese rato dedicado a mirar y ser mirado, da la sencillez de corazón que tanta falta hace en medio de la trigonometría de la toma de decisiones, con sus complejas derivadas y sus segundas y terceras intenciones.

49. Ya no estamos en el tiempo de la muerte de Dios, ese continuo Sábado Santo del que escribió Ratzinger. El infantilismo hedonista y quejica de nuestra época no da para tanto. Ahora vivimos sin ni siquiera

plantearnos que en algún momento Dios haya podido existir.

50. ¿Es sensato que ante la plaga del divorcio no se reclame una mejor pastoral sobre el matrimonio, sino atenciones especiales para los divorciados?

51. Un hijo pequeño me habla de la parábola del joven rico. Le corrijo tontamente: «Nada de parábola, aquel muchacho existió». Como si le quitara realidad asemejarle, por ejemplo, al buen samaritano, que sigue deambulando cada día por esos caminos de Dios.

52. Leyendo a Flannery O'Connor se aprende que entre las filas de los "descartados" (Cristo los llamaba pobres) no escasea tampoco la levadura de malicia.

53. Porque la felicidad en la tierra es expectativa y no posesión, mi tiempo litúrgico favorito es el Adviento.

54. Cuando suene la trompeta, y mientras el público se ubica para tan gran espectáculo,

quédate a mi lado, ángel de la guarda, y cuéntame la verdadera historia de mi vida.

55. No hay mayor alivio para el *síndrome del impostor* que el reconocimiento del pecado original. Tu mejor "yo" te está esperando.

56. El joven rico del evangelio de Marcos llega corriendo y se arrodilla. La teatralidad se lleva mal con la entrega genuina.

57. «Marta, Marta, tú te preocupas y te inquietas por muchas cosas. Pero una sola cosa es necesaria (…)». Una sola cosa es necesaria. No más importante: necesaria. Todo lo demás puede ser importante pero no me hace falta.

58. Después de la multiplicación de los panes, el Señor pide que se recojan las sobras. El derroche es un desprecio al Creador.

59. «Uno de entre la multitud le dijo: Maestro, di a mi hermano que reparta la herencia conmigo. Pero él le respondió: Hombre, ¿quién me ha constituido juez o encargado de repartir entre vosotros?».

Jesucristo dejó claro lo que pensaba sobre el clericalismo.

60. Se comprenden las razones, Señor. Pero es una pena que en el cielo no haya tiempo. Con qué ilusión esperaría que el reloj diera las cinco para tomar el té con Isabel II de Inglaterra.

61. Un respeto por el protestantismo, que ha dado la *King James Bible*, las cantatas de Bach y que los pintores holandeses no mostraran relamidas escenas de santos sino la belleza del hogar. Por no hablar de Trento.

62. A quien se arruga, Dios no le ayuda.

63. Señor, ¿por qué me diste vocación de soldado y temperamento de desertor?

64. Por efecto de la visión beatífica o de la sorpresa del Infierno —y las más de las veces por esa inquieta esperanza que llamamos Purgatorio—, tienen las calaveras sus ojos abiertos como platos.

65. El día después de la muerte de Joseph Ratzinger cabe imaginar su diálogo con Agustín de Hipona, trufado de esas corteses agudezas que solo son posibles entre discípulo y maestro, sobre, por ejemplo, alguna palabra de significado un tanto ambiguo en *De consensu evangelistarum.*

66. «Maestro —le dijeron—, esta mujer ha sido sorprendida en flagrante adulterio. Moisés en la Ley nos mandó lapidar a mujeres así; ¿tú qué dices? Se lo decían tentándole, para tener de qué acusarle. Pero Jesús, se agachó y se puso a escribir con el dedo en la tierra». Cuando llegue, si llego, sé qué es lo primero que preguntaré.

67. Lo dijo en la sinagoga de Nazareth: ha venido a abrir los ojos de los ciegos. Si tu agradecimiento por la vida no es comparable al de una persona que goza por primera vez de la vista, es que tus ojos siguen cerrados.

68. Vemos como muestra de ignorancia que el pueblo judío ofreciera holocaustos animales. Y perdemos de vista que esa

ofrenda era la entrega de un sustento seguro a cambio de una protección incierta. Confiaban más en Yahvé que en sí mismos. Y esa primacía del espíritu parece un principio de civilización.

69. Una crisis económica. Una pandemia. Una guerra en Europa. Nada nuevo en nuestra historia. Sin embargo, se anuncia el final del progreso indefinido. El nuevo mito es su contrario: la decadencia inevitable. El futuro ha terminado. Quién sabe si así nos irá mejor.

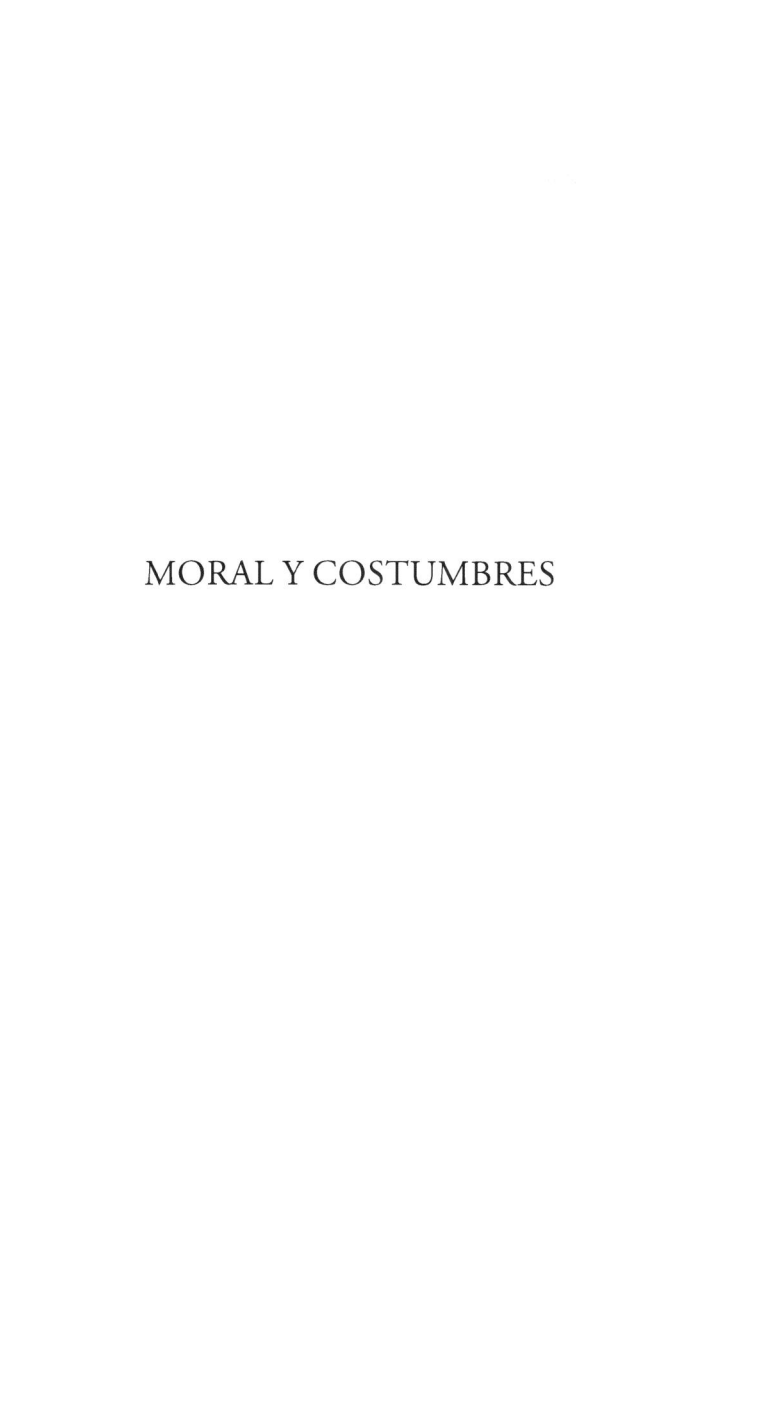

MORAL Y COSTUMBRES

70. Minimalismo manifiesto, maximalismo oculto.

71. Lo malo de comprar ropa es pasar por ese lamentable exhibicionismo de estrenarla.

72. En el aprovechamiento del tiempo se produce el "efecto Mateo" al revés: al que no tiene, se le dará.

73. Hay quien se empeña en poner su llaga en todos los dedos.

74. Como los trenes de mercancías, las angustias circulan lentas por la noche.

75. La dehesa, con sus encinas arraigadas cada una donde Dios quiso, ni muy juntas ni muy separadas, es una metáfora de las familias felices.

76. Adoración perpetua: la que algunos se profesan.

77. No hace falta ser amigo de alguien para trabajar bien con él. Pero quien trabaja bien con alguien acaba siendo su amigo.

78. Conviene no ser más papista que el papa, salvo cuando el papa no es papista.

79. ¿Será la preferencia de Yahvé por las ofrendas de Abel el primer caso del *white privilege*?

80. Los bachilleres de letras hoy no dan Latín ni Griego. La legislación vigente le ha condenado a la más desconcertante de las orfandades: no saber quiénes son tus padres.

81. ¿Hay visión más triste que la de un hombre comiendo solo?
Otro hombre solo en la mesa de al lado.

82. Una persona me presenta a otra como comandante. Aclaro enseguida que, en realidad, ejem, soy coronel. En buen tono y con una sonrisa, pero se hace el silencio incómodo que produce el ridículo. La vanidad nos entontece.

83. Alcalde: no la toques más, que así es la rotonda.

84. Transparencia, dogma de nuestro tiempo que esconde hipócritamente la realidad de que ninguna comunidad organizada —desde la familia al Estado, pasando por la empresa— puede sobrevivir sin ciertos niveles de privacidad y discreción.

85. En Holanda, el día favorito para casarse es el lunes, como corresponde a un trámite banal, que conviene despachar cuanto antes.

86. ¿Activista de la diversidad, pero intolerante con las manías de tu cuñada?

87. Propósito: entrar todas las noches en casa con la disposición del alfarero al comenzar

su jornada. No hay que esperar otra cosa que barro, sucio y pegajoso, y aplicar el esfuerzo paciente que lo convierte en obra de artesanía.

88. También se puede ahogar el bien en abundancia de bien.

89. En las universidades, una medida de gobierno de eficacia discutible genera diatribas como si se hubiera provocado el holocausto nuclear. Por el contrario, un acierto pleno, rotundo, incontestable (por ejemplo, un aumento generoso de los sueldos) no merece alabanzas ni agradecimiento. Solo el silencio, en el que los oídos finos pueden percibir el reproche de algunos por no haber proporcionado nuevas oportunidades para la crítica.

90. El amor genérico por la humanidad como fundamento de un credo político es el primer paso hacia los campos de concentración.

91. Es sabido que en la catedral de Trieste están enterrados la mayor parte de los pretendientes carlistas al trono. En sus elegantes

tumbas se lee *hispaniarum rex.* Uno puede tomárselo como prueba lapidaria —sucumbo a la tentación— de su empecinamiento (tres guerras civiles, tres). Pero movidos por el respeto debido a los muertos se propone aquí una interpretación benévola. Soportan el ridículo de tan evidente falsedad *per secula seculorum* como ejercicio de coherencia resignada —«¿qué otra cosa podríamos haber hecho?», parecen susurrarnos—, digna de conmiseración.

92. Menos conocido resulta que también en Triesten descansen un buen grupo de españoles, integrados en la corte carlista o en el servicio personal de sus majestades. Sus tumbas en aquel confín del Imperio Habsburgo —esos "Pérez" y "García" tan desubicados como cactus en Alaska—, merecen con más razón una visita, para rendir homenaje a esa forma de lealtad pura que es el acompañamiento al derrotado.

93. Con lo complicado que era el sexo cuando solo era binario…

94. La pervivencia de los populismos exige que la revolución esté siempre pendiente.

95. Toda la sofística posmoderna no puede camuflar la sencilla verdad de que nos hemos convertido en una sociedad de quejicas (*quod erat demostrandum*, por cierto).

96. Esta congoja absurda pesa en el alma como aquella de mi infancia —¿y si no viene?— cuando en la fiesta de cumpleaños eras el último y mamá no venía.

97. Todos estamos muy agobiados contándonos unos a otros lo agobiados que estamos.

98. A ver si todos estos líos del penúltimo de nuestros borbones reinantes acaban con esa costumbre cortesana de poner a lugares e instituciones públicas nombres de próceres vivos. Aunque solo sea por la razón elemental de que mientras lo estén pueden meter la pata hasta el fondo; y menuda impresión extraña hace que un maleante figure en el papel timbrado de las notas de tus hijos.

99. Por contraste, y haciendo abstracción de los motivos teológicos, qué sabia la Iglesia. En términos estadísticos, las canonizaciones son fenómenos rarísimos, y se llevan a cabo con un sentido, digamos, un tanto conservador de lo que es *post mortem*.

100. También se admiten soluciones.

101. La euforia en las celebraciones augura depresión cuando llegue la derrota.

102. Es normal identificar el momento del triunfo con el de la consecución del logro. Pero no nos vendría mal pensar que, en realidad, el triunfo es todo lo anterior: el trabajo bien hecho, que lleva al éxito. O no.

103. Cuesta mucho asumir que tu mal es un bien para el que lo persigue.

104. El nacionalista piensa que ser de un país es un mérito. Para el patriota, se trata de una responsabilidad. Eso explica que haya tantos nacionalistas y tan pocos patriotas.

105. Los consultores viven de la ansiedad que produce la duda ante la toma de decisiones: «Que venga otro y nos lo aclare». Y ese otro sabe que para cobrar debe transmitir que lo tiene claro, aunque no lo esté.

106. El contento de las primeras horas del día es la felicidad de la expectativa. Cuando el día se va, llega la tristeza, la amargura de que lo posible haya sido solo aquello. Por algo en Oxford el oporto se sirve al atardecer.

107. Cuántas frustraciones produce el desconocimiento de que la solución exitosa en las organizaciones, formadas por seres libres, no suele ser la óptima sobre el papel, sino la mejor de las que pueden aceptarse por una mayoría suficiente.

108. Inventor de la chancla: no es menor tu contribución al declive de la civilización occidental.

109. Reconozcámoslo. Los aforismos pueden hacer pasar por cultos a los que no lo somos.

110. Futuro resuelto, el oxímoron inconsciente del buen burgués.

111. Temperamentos reaccionarios: daos cuenta de que la militancia tradicionalista, en cuanto supone asistir a la decadencia del mundo como quien ve una *peli* de serie B, disfrutando al señalar las chapuzas y comparándola con *Casablanca*, tiene algo de lujo frívolo, pues la historia convierte a veces a los espectadores en protagonistas, que pagan con su sangre la inacción.

112. El simplismo merece simpatía porque es una reacción natural frente al misterio del mundo.

113. Viena, Praga y Budapest. Por culpa de la publicidad de las agencias de viajes, cómo cuesta pronunciar esos nombres por separado.

114. No se discute tu título de propiedad sobre esa casa, pero ahora no es tuya, sino de tus inquilinos porque los espacios son solo nuestros en el tiempo.

115. En cualquier bar se aprecia que la alegría del pueblo español solo es comparable a su falta de modales.

116. Y se supone que el teléfono móvil solo debería caer al suelo por el lado de la pantalla un cincuenta por ciento de las veces...

117. Días de gloria en la dehesa extremeña, el Serengueti europeo, pero con la notable diferencia de que uno puede comerse a los animales que la pueblan sin riesgo de que ocurra lo contrario.

118. Esas esquelas y lápidas plagadas de títulos y reconocimientos como patético estertor de nuestra vanidad o de la de nuestros deudos.

119. La lógica de la vestimenta se ha invertido. Ya no se trata de cubrir, sino de mostrar, de manera que el vestido sea al cuerpo lo mismo que el envase al producto: una incitación a su consumo.

120. Oración del aforista: Señor, dame agudeza sin petulancia.

121. Gloria del aforista: que alguno de sus aforismos, de mayor, sea refrán.

122. Escribiendo también hay que aborrecer el pecado y amar al pecador. En estas páginas se procura no hablar mal de nadie con nombres y apellidos. Perdonen ustedes que no moleste.

123. Bien mirado, todo elogio personal es un error de perspectiva.

124. Humildad: no darse importancia sin darse importancia.

125. Se escucha a los extranjeros comentar que los españoles hablamos gritando, *como si estuviéramos enfadados*. Lo estamos, con el orgullo de habernos dado cuenta —*A mí no me la dan*— de que las cosas no están bien.

126. El poder está siempre en otro sitio.

127. Que algunos tipos de nacionalismo se puedan distinguir también por la ropa y el peinado de sus seguidores muestra su carácter sectario, uniformador hasta en las trivialidades.

128. Máxima de estilo: evítese cualquier género de énfasis, valga esta excepción.

129. *Intelijencia* artificial: gracias por darme el nombre exacto de las cosas antes de pedírtelo.

130. Por comparación, nunca es para tanto.

131. Doble propósito: no ahorrar ningún esfuerzo en explicarme, no lamentar que no se me entienda bien.

132. Según la disposición interior, el cuidado de las convenciones sociales puede ser, sí, hipocresía, pero también delicadeza.

133. Aquellos tiempos en que infalible solo era el papa…

134. Cuántas cosas oculta la transparencia.

135. Qué pena da ese joven prodigio ahora que tampoco es joven.

136. Curioso que mirarse el ombligo sea el tópico para evidenciar el egocentrismo, pues

esa parte del cuerpo nos recuerda que alguien nos dio la vida.

137. Cada vez se le pone más difícil su paseo al reaccionario, rodeado de avenidas del Progreso, calles del Feminismo y plazas de la Libertad.

138. Para los maleducados de clase alta, el conocimiento de las normas de la buena educación exime de su cumplimiento. El razonamiento es como sigue: no voy a someterme a las mismas reglas que los demás porque *no soy como los demás.*

139. Mientras nuestros nobles se escaqueaban pagando de las guerras coloniales, cuántos etonianos no faltaron a su cita con la muerte en los campos de Flandes.

140. Varios días en Galicia y uno queda convencido de la superioridad de algunas razas. Relájese, estimado censor, y piense que me refiero a su ganado vacuno.

141. La imposición de la transparencia puede ser una forma de tiranía. ¿Cómo va a ser

uno libre si hasta un acto privado como dar una clase se hace hoy delante de los millones de seres que pueblan las redes sociales?

142. Cuántas veces la actualidad me aparta de lo real.

143. «Habría sido lo que hubiera querido», dice un amigo sobre otro que por causas nobles ha tenido una vida profesional oscura. Como si la renuncia no fuera una forma de querer.

144. Grandiosidad no es grandeza. Wagner no es Bach.

145. Habrá que empezar a escribir una novela histórica, para no pasar por la vergüenza de ser el último español en hacerlo.

146. Las habitaciones de los adolescentes son la evidencia científica de que el desorden tiende por su propia naturaleza hacia el infinito.

147. La inanidad del discurso público —político, periodístico y empresarial— se

manifiesta en el uso de lugares comunes. Para no decir nada, nada como los tópicos.

148. Ese recurso al cliché es simple miedo a apartarse de la norma. Si quieres tranquilidad de conciencia, coincidencia.

149. Que nunca encuentres un buen momento para hacer algo suele significar que deberías haberlo hecho ya.

150. Bodas de hoy, esos simulacros.

151. Todas las épocas tienen su ortodoxia, que para estar vigente exige sumisión. La nuestra niega tener una mientras, gracias al progreso técnico, utiliza los medios más poderosos que la historia ha conocido para imponerla.

152. Hacen "ejercicios de transparencia" los Estados, las grandes corporaciones, las organizaciones internacionales, los ayuntamientos de pueblo y hasta el consejo laical de mi parroquia. En medio de tanta transparencia, se agradecería un poco de claridad.

153. Compadezco a los jóvenes de hoy yo que lo fui en los noventa, cuando Franco todavía estaba muerto.

154. Aún me acuerdo de cuando la ropa interior lo era.

155. Una verdad ignorada en las empresas y que se aprende como padre de familia es que cuando premias (a uno), castigas (a todos los demás).

156. Napoleón decía —o dicen que decía— que las guerras las ganan los soldados cansados. Me permito apostillarle, *Sire*: las guerras las pierden los soldados agotados. El descanso es a veces un acto de inteligente valentía.

157. Tiendo a fijarme en las expresiones comunes de mis compañeros de trabajo. Ante cualquier cuestión que se salga de lo ordinario, uno de ellos suele decir: «Eso es muy raro». No hace falta decir quién es el más raro de todos mis compañeros.

158. Confía solo en propósitos que requieran paciencia.

159. La conspiración puede ser un placer burgués, cuya intensidad depende de dos factores: la perversidad —imaginaria o real— de los malos contra los que se conspira; y la vaguedad —siempre real— en el compromiso de los conspiradores.

160. El buen conservador es práctico, pero no pragmático.

161. Que el poder corrompe es la especie lanzada para que no se acerquen a él los que quieran ser santos.

162. Algunos proyectos fracasan porque en las organizaciones hay especialistas en disfrazar a los carros de bueyes y viceversa.

163. La corruptibilidad inherente al poder es mercancía fácil de vender, pues al gobernado se le proporciona la satisfacción de pensar que quienes le mandan son todos unos sinvergüenzas.

164. La gran ventaja de transmitir que el poder político corrompe es dejar el campo libre a los mediocres y a los malvados. ¿Quién de los mejores querrá dedicarse a una actividad inmoral *per se*?

165. Los aforismos son como los chistes. No se comentan ni mucho menos se explican.

166. En el proceso de "ampliación de derechos", la excepción *hace* la regla.

167. «Solo sabía leer y escribir». ¿Solo?

168. Redundancia: conservador en las formas.

169. En el momento de despedirse al dejar el cargo, el entrenador, la concejala, el párroco coinciden en pedirnos disculpas genéricas —*por todas las veces…*— y condicionales —*por si alguien se hubiera sentido ofendido…*—. Ese sentido genérico y condicional del perdón se corresponde con la abolición de la culpa, siempre concreta y cierta, como su hermano el remordimiento.

170. Coda del comentario anterior. Es el respeto a la naturaleza de la culpa y no un supuesto afán morboso o farisaico lo que hace que en el sacramento de la penitencia se nos pida precisión.

171. El matrimonio confiere carácter o lo disuelve. El casado se va haciendo o deshaciendo en la medida en que con sus palabras, obras, omisiones y pensamientos honra o traiciona ese juramento.

172. Dices: «Nadie sabe lo difícil que es ser yo». Y tú menos que nadie.

173. El constante impulso en la esfera pública por igualar aplanando en vez de haciendo crecer, apunta a razones que se asientan en lo peor de la naturaleza humana y su reacción a las desigualdades. Si el afán de poder es el motor de la historia, me temo que usa resentimiento como combustible.

174. Plan estratégico: dícese de la hiperbólica —por detallada y grandilocuente— declaración de intenciones que una

organización hace para mostrar que es previsora, cuando no hay nada más imprudente que hacer abstracción de la libertad de las personas.

175. Conste que la fobia contra los planes estratégicos no tiene nada que ver con el arte de planear, indispensable para el buen gobierno, sino con su cosificación para la galería.

176. Leyendo cualquier biografía de John Henry Newman se llega a la melancólica y muy peligrosa conclusión de que el que tiene razón suele quedarse solo.

177. Cómo no va a ser uno capaz de amar a una sola mujer, distinguir el bien del mal y estar dispuesto a dar la vida por una causa noble, cuando ha pasado la hora de la siesta de todos los sábados de su infancia (beneficios de un mundo sin internet y solo con dos canales de televisión) viendo *westerns*.

178. Los muchos años de matrimonio hacen que, las raras noches en que se duerme

solo, uno se quede en su lado y respete, misteriosamente, el hueco vacío.

179. Hago algo bueno y no hay manera de desprenderse de esa satisfacción empalagosa, como de niño con sobresalientes…

180. Pornografía, delito de falsedad contable.

181. La inmadurez de esta época adolescente hace convivir un ansia perenne de derechos con la irresponsabilidad más ingrata. Y así se vive sin caer en la cuenta de la contradicción de que todo me sea debido, pero yo no deba nada a nadie.

182. El dolor del viudo es corto, pero agudo, dice el refrán. O sea, que el dolor del viudo es agudo, pero corto. Nótese cómo gracias a la rima el refranero suaviza la mezquindad.

183. En los géneros persuasivos, se puede escribir para convencidos o se puede escribir para convencer. No es que lo primero sea fácil, si se hace bien, pero lo segundo requiere un talento superior.

184. Dice Gómez Dávila que «sólo debemos consagrarnos a causas que la derrota dejaría intactas». Quizá porque soy del Atleti, voy un poco más allá y prefiero aquellas que se fortalecen con el fracaso.

185. Tranquilos. Cada nueva ley de educación creará nuevos rebeldes. Que querrán ser educados.

186. Aprendí a escribir a los veinte, gracias a R. y a P., y a leer a los veintiuno, gracias a A. Miserias de nuestro sistema educativo, que ve en el lenguaje solo un corpus teórico y no una herramienta en la que hay que instruirse, como aprende el carpintero a manejar la sierra.

187. Porque no gusta a los gobiernos (¡*los hijos no son vuestros!*), esos cotidianos "hija mía", "hijo mío" tienen ahora el tono épico de la justa rebeldía.

188. Las grandes creaciones artísticas son el producto del genio personal, pero también de su entorno cultural, en una especie de

círculo virtuoso. Para no irnos demasiado lejos, los *westerns* fordianos son el resultado de un talento formidable y de una época, el Estados Unidos de la post Segunda Guerra Mundial, que es a la vez partera de esas criaturas e hija de ellas.

189. La desobediencia civil puede ser la forma más exigente de obediencia.

190. Ni las matrículas de honor (que tampoco abundan), ni las actividades de voluntariado (menos aún), ni siquiera los elogios de vuestras tías solteras (puestas por Dios en el mundo con esa misión) me parecen tan convincentes de vuestra buena educación, hijos míos, como que tengáis pocos amigos y fieles.

191. Tengo un retrato de Sir Thomas More —réplica del cuadro de Holbein— enfrente de mi mesa de trabajo. Ante la mirada de todo un lord canciller, ninguna tarea resulta sin importancia.

192. «Esa responsabilidad le viene grande» es un comentario *a priori* peyorativo, pero

qué bien que haya que agrandarse para cumplir con una responsabilidad.

193. *Mañana, más y mejor*, lema buenista que creo también usaba Jack el Destripador.

194. Va creciendo tanto el prestigio social de la simpatía —"Muy majo" está en la cúspide de la escala de elogios— que perdemos el mérito de ser simpáticos quienes no lo somos por temperamento.

195. Cosas que los del Atleti saben y los del Madrid y Barça no:

—Los minutos finales no duran sesenta segundos, sino horas. Qué digo horas. Algunos duran toda la vida.

—Para los poderosos, el *outsider* es solo ese tonto útil que da apariencia de competición a su reparto. Sus títulos son hazañas porque no se vence a un rival, sino al sistema.

—A ganar se aprenderá ganando, pero a saber ganar se aprende perdiendo.

—Quien vence siendo superior obtiene solo un triunfo. Poca cosa para los del

Atleti, que solo se conforman con la gloria.

196. No hay manera de acertar con las recomendaciones literarias a mis hijos porque:

—Pienso que ellos son como yo.
—Pienso que ellos no son como yo.

197. Para beneficio de psicólogos, psiquiatras y grandes farmacéuticas (gente toda ella respetable y necesaria), desde que declaramos que esto no es un valle de lágrimas no paramos de llorar.

198. Los libros de aforismos deben sorberse poco a poco, si se quiere evitar la saturación del paladar. No son un partido de fútbol, sino una colección de goles. No son una sinfonía, sino un conjunto de compases finales. No son una faena, sino un repertorio de pases de pecho. De modo que uno debe dejar tiempo para que la imaginación madure lo que pasó antes.

199. Para los espíritus más activos, el descanso es una cura de humildad. Al reposar esas

ansias por hacer, se aprecia mejor que para cualquier asunto verdaderamente importante tu esfuerzo es un requisito necesario pero no suficiente.

200. Veo los codos huesudos de mis hijos estudiando como raíces de su libertad.

201. El oxímoron favorito del revolucionario: indignación organizada.

202. El misántropo también acaba siéndolo de sí mismo.

203. ¿Puede un profesor universitario estar de acuerdo con la teoría de otro si su colega está vivo?

204. Una cierta experiencia directiva confirma que la estrategia es esa teorización a posteriori de las razones de un éxito.

205. Entre el «sangre, sudor y lágrimas» y el «todo irá bien» se ha producido un cambio de civilización.

206. Ay si tu gobierno solo te habla del pasado y del futuro.

207. Una belleza superior parece destacar en la penumbra (George de la Tour, Orson Welles, el claroscuro de los ábsides románicos), pero para vivir... sol, por favor. La abundancia de luz compensa todas las fealdades de mi ciudad.

208. Buscando infructuosamente vivienda en Londres para una familia numerosa uno piensa que el lema de los propietarios de las casas eduardianas es "Divide y venderás".

209. A lo mejor un cierto ecologismo puede ver en el incremento de las enfermedades de transmisión sexual una advertencia de la naturaleza. Mira que si los cuerpos humanos no están hechos para la promiscuidad...

210. Se queda corta la definición de caballero como alguien que nunca hace daño a otro a sabiendas. Un caballero es el que tampoco hace el bien a sabiendas. Le sale natural, como todo aquello bien entrenado. Y así se evita el orgullo de ser consciente de lo bueno que es.

211. El mal menor es a menudo un ideal máximo.

212. Disfrazada de *english-cháchara,* reparten las tareas quienes mandan con el mismo desdén que en el recreo los abusones hacían los equipos, escogiendo por turnos y dejando para el final —"Tú, portero"— al gordito torpe o al gafotas.

213. *Ya no me callo más* es un comienzo recurrente de quienes nunca paran de hablar.

214. Carlos V prefirió como retiro un lugar de Extremadura (y no le faltaban opciones). Esa elección de uno de los hombres más poderosos de la historia no parece mal argumento para una campaña turística, pero no se usa. El emperador quería discreción y se le complacerá.

215. El que de verdad manda no necesita mandar. Si acaso, sugerir.

216. El directivo que piensa que la autoridad se impone, que da órdenes con tono tajante, que no suele cuidar las formas, que

jamás rectifica, que utiliza el enfado como táctica, piensa en definitiva que debe demostrar con su agresividad que él es quien manda. Evidencia así que no es el caso.

217. Una característica del éxito auténtico es que tarda en llegar.

218. El pudor sobre uno mismo —siempre que resulte natural y alegre, *un callar sin pesadumbre* (Santa Teresa) y no hacerse el interesante— es la condición lógica para ser discreto sobre los demás. Y la discreción, desde esta perspectiva, un buen remedio contra el egoísmo.

219. Consecuencia de la idea anterior: desconfía de la discreción de quienes hablan mucho de sí mismos.

220. Entonces me hizo sentir orgulloso. Eran los ochenta y, como otras, mi patria chica podría ser liberada de su opresión secular. Ahora disfruto de la ironía en aquella pintada vista desde mi autobús escolar: VIVA EL FRENTE EXTREMEÑO DE LIBERACIÓN NACIONAL.

221. Ahora resulta que las empresas dicen tener un propósito, que no es ganar dinero, malpensados.

222. Cuánto de lo que aquí escrito estará ya en las "redes sociales" y será usado en el juicio por plagio contra un servidor, que no frecuenta esos lugares de mala nota.

223. Sufrir por tonterías es un gran sufrimiento.

224. En la fauna universitaria predominan dos especies. La jirafa, imponente, estirando de vez en cuando su cuello para ver más allá y que la vean todos, de una belleza elegante, un poco superficial y bastante inútil. Y el burro, pequeño, poco agraciado —su mirada pegada al suelo puede hacerle rastrero—, con cuya tenacidad se labra la tierra dura de la erudición. Ambas tienen su cometido. Pero la plenitud del ecosistema requiere algunos ejemplares de *jiraburro* y de *burrirafa*.

225. ¿Alguien ha estudiado en serio por qué abunda el nacionalismo (tantas veces una

idolatría) en los territorios antaño tradicionalistas y hoy en la vanguardia de la descristianización?

226. Cuenta Cunqueiro que el gallego es así como consecuencia de las muchas invasiones padecidas. Ante el nuevo invasor, su defensa era no dejar claro lo que pensaba, lo que hacía más difícil su dominación. Según las circunstancias, puede ser una estrategia aprovechable para los resistentes de la posmodernidad, cada vez más invasiva. Si no puedes vencerles, al menos confúndelos.

227. Cierto contacto con políticos profesionales te hace caer en la cuenta de que su conversación está dominada por chascarrillos y maledicencias de unos y de otros. Como el Rex Mottram de *Retorno a Brideshead*, que se enteraba de todo pero no sabía nada.

228. Si tiene siempre mucha prisa, es un mal jefe.

229. Apenas se oyen ya las palabras novio o novia. Según la edad, se prefiere *mi chico,*

mi chica o *mi pareja*. El fin del noviazgo como otra prueba de la supresión del matrimonio.

230. La historia del mundo comenzó con un acto de soberbia y va teniendo pinta de que terminará con otro.

231. Un amigo me cuenta que va a hacer algo que yo haría de otro modo. No era una consulta y callo, fiel al principio de que el consejo no solicitado equivale a presunción. Después recuerdo que enseñar al que no sabe es una obra de misericordia y cambio el sentimiento de satisfacción por las dudas de conciencia...

232. Cruzo el pasillo de casa y las puertas de los cuartos se van cerrando a mi paso. La llegada de las adolescencias a mi casa.

233. «Hay que dejarle claro que la situación es provisional: solo se le nombrará si demuestra que lo merece», escucho a un jefe. Otra variante típica en las organizaciones de la confusión de los fines con los

medios. Pueden estar a prueba las cosas, pero no las personas.

234. Soy testigo. Una madre de familia numerosa que además trabaja fuera de casa y se queda embarazada (mareos, vómitos, cansancio) goza de una santidad martirial. Muere cada minuto y, en vez de disfrutar del paraíso, resucita porque nos sigue haciendo falta.

235. Por estos pagos, un *think tank* tiene poco de *think* y mucho de *tank*.

236. Es curioso que también en las grandes ciudades cunda el localismo, entendido como interés excluyente por lo más cercano. Un amigo, feliz habitante del barrio de Salamanca, me confiesa: «Más allá de la calle Goya, todo es Alcobendas».

237. Encargar la resolución de determinados problemas a un comité es como pedir que cinco personas tiren el mismo penalti.

238. No consta que durante toda la batalla de Waterloo Wellington tomará algo más que

una taza de té azucarado. Me lo recuerdo con frecuencia ahora que mi creciente autoindulgencia ha convertido el café de media mañana en dos: uno temprano y otro posterior. Y, para colmo, el aumento de la dosis de cafeína no evita que sea todo un especialista en retiradas.

239. Pleonasmo bien intencionado: humildad interior.

240. La privacidad os hará libres.

241. En un ambiente políticamente correcto, y por un lamentable descuido, acabo confesando que llevo más de veinte años casado con mi mujer. Al terminar la frase me siento como si estuviera lanzando piedras a la policía.

242. "Normal": Del latín *normālis*. 1. adj. *Dicho de una cosa: Que se halla en su estado natural*. Quién le iba a decir a la Real Academia Española que se convertiría en un foco de subversión.

243. Sed digitales e inclusivos y seréis como dioses.

244. Una cosa es el cansancio, esa «falta de fuerzas que resulta de haberse fatigado», como describe el diccionario; y otra estar cansado del cansancio, fatiga perpetua de unas vidas en progresiva tensión (*¡No te pongas límites!*, nos dicen), para la que no cabe esperanza de reparación.

245. El escapismo político se conoce como tercera vía.

246. En el viaje por el Mediterráneo que Newman comenzó en diciembre de 1832 tuvo que pasar tres semanas de cuarentena en Malta, primero en un lazareto y luego en la habitación de una posada. Las condiciones no eran óptimas para quien ya era un profesor de Oxford, pero lo llevó con relativa naturalidad. El confinamiento es un viejo remedio contra las plagas, que antes no provocaba tanto histerismo.

247. A veces, la ira por el error propio no viene de la equivocación en sí, sino de la incapacidad para echar la culpa a otro.

248. Como aspirante a caballero, mi ideal ciudadano consiste en reclamar los derechos como derechos y en ejercerlos como gracias.

249. Brasil y Portugal son la confirmación a escala nacional de que los hijos pueden salir muy distintos de sus padres.

250. Que no falte en mi escudo de armas una mano con su ramo de lirios.

251. Pocos conceptos tan indeterminados como el de "una copita de vino diaria". Llevo años haciendo un concienzudo análisis sociológico y me parece una obligación moral grave compartir mis descubrimientos. "Una copita de vino diaria" puede al menos tener cuatro significados, con diversas variantes que no se describen para no aburrir al lector:

—Una copa con una cantidad que incluye varias copas normales.
—Una copa en el almuerzo y otra en la cena. «Porque la recomendación es una copita en cada comida, ¿no?».

—Varias copas normales, que el bebedor considera que contienen una cantidad inferior a la de una copa normal, de modo que al distribuirlas cree que cumple con la norma.

—Dos copas normales, como mínimo, porque «quien dice una dice dos, y cada organismo es cada organismo».

252. Hoy un político puede ser cualquier cosa salvo aburrido. Que es mi cualidad favorita en un político.

253. Para mi ideal de caballero: cuanto más indignado mi interlocutor, más sereno yo.

254. Cuántas veces se nos olvida que la caridad auténtica se ejerce solo con quienes no la merecen.

255. En uno de sus formidables libros de viajes, Pla cuenta que, en algún momento de la Baja Edad Media, cuatro mil individuos fueron expulsados de Siena por motivos políticos. Sin hacer ninguna comprobación, la cifra me parece exagerada, pero

recuerda que el sectarismo en la cosa pública no es un mal exclusivo de nuestro tiempo. Eso que el propio Pla llama "la pasión de partido" es una constante histórica (pensemos en el ostracismo) y acaba recurrentemente en que el amor a los tuyos implique odio a los otros, que deben ser suprimidos. Acabados esos otros, se empieza a pensar que entre los tuyos algunos no lo son tanto. Y comienza otra vez la purga.

256. La escritura de aforismos es para funambulistas. Es fácil caerse hacia la ingeniosidad banal o hacia la proclamación de lo obvio como hallazgo insólito.

257. En un viaje por carretera a través de Polonia asombran sus grandes planicies. No hay defensas naturales contra el invasor, ni cobijo para los rebeldes. Uno comprende mejor la historia de esta nación y de que lo escarpado de nuestro paisaje también haya marcado la nuestra. Por buenos motivos, Geografía e Historia eran una misma asignatura en nuestros planes de estudio.

258. Hijo, haz caso a tu madre y deja la ropa sucia en el cesto. Un día tras otro. Y verás cómo, cuando suene el silbato que ordena el ataque, saldrás de la trinchera sin pensártelo.

259. Ah, la importancia de las segundas naturalezas, forjadas tantas veces con hábitos ocultos, que nos hacen reaccionar como debemos cuando surge la circunstancia inesperada.

260. Educación Infantil y Primaria, en mi caso: paga semanal muy justa, meriendas de pan con chocolate, deberes que incluían traducciones del latín, de recadero los sábados por la mañana, visitas obligadas a tíos y abuelos, un padre y una madre al llegar del colegio.

261. En los tiempos de la plaga se recomendaba la ventilación y cundió el miedo entre mis compañeros del edificio más moderno donde trabajo. Porque no había ventanas. La ventana, ese invento sin inventor, como la puerta o la chimenea, que en sus

muchos estilos históricos conforma una decantación primorosa del *common sense* de épocas y patrias, no podía ser sino prohibida por el adanismo de cierta arquitectura contemporánea.

262. «Los europeos somos todos muy parecidos», dice un sabio. Según se mire. Desde que son estados-nación y en sus respectivos momentos de apogeo:

—Los franceses construyeron un palacio real.
—Los ingleses, la *country house.*
—Los españoles, un monasterio.

263. Escucho el discurso programático del líder de la supuesta alternativa conservadora y tengo la misma sensación que cuando los Reyes Magos me regalaron un cepillo de dientes eléctrico. Tal vez útil, pero decepcionante.

264. Cuando uno de mis hijos me manda un mensaje y no obtiene respuesta en treinta segundos, recibo otro con signos de interrogación. A mis mensajes responden

pasadas varias horas, cuando responden. Versión digital de la perenne asimetría del amor entre padres e hijos.

265. Qué horror el siglo XXI, decimos, pero a estas alturas del XX habíamos organizado la Gran Guerra, matanza cuyo nombre es revelador de la falta de precedentes. Conviene celebrar que los europeos nos estemos matando mucho menos que de costumbre.

266. No hay más aristocracia que la del espíritu. Y esa se forja en el servicio. La paradoja se puede expresar así: los mejores son los que más sirven, y los que más sirven nunca se consideran los mejores.

267. *Public house* tiene algo de *contradictio in terminis.* Teóricamente. En Inglaterra, cualquier pub es mi hogar.

268. Al contrario de la visión tópica, pensar que uno no tiene que demostrar nada a nadie es una señal de humildad. Lo que puede ser muestra de soberbia es confesarlo.

269. Los antisupremacistas son supremacistas de su propia época.

270. Un hijo estará fuera de casa un largo tiempo. Hablaremos cuando queramos. Gratis, además. Y caigo en la cuenta de que pertenezco a la última generación que se ha intercambiado cartas con sus padres. Se pierde, creo, una cierta forma de compartir la intimidad familiar. Porque también la sangre con letra entra.

271. Un billete es una llamada a la sensatez. Esto es lo que tienes, ni más ni menos (más o menos). Sin embargo, las criptomonedas son una expectativa fluctuante, quimeras, en la que puede percibirse hasta cierto tufo luciferino («Todo esto te daré…»). Las treinta monedas con las que se compró el Campo del Alfarero siguen generando intereses.

272. En estos tiempos desmitificadores, dígase cuando así sea que el rey está vestido.

273. Santa Teresa de Jesús: «Los pobres nunca hacen ruido». Si la frase se entiende como una

llamada a la resignación, se nos ha hecho intolerable. Pero también cabe interpretarla en un sentido distinto: hay que estar atento a la peor de las pobrezas, que en medio del ruido es incapaz de hacerse oír.

274. Otra más para mi ideal de caballero: tan sobrio con uno mismo como espléndido con los demás.

275. En los aeropuertos, las manifestaciones, los estadios de futbol… uno experimenta una incomodidad particular. Esas grandes concentraciones rompen la escala propia de lo humano y nos hacen sentir que a partir de una cierta cantidad ya no hay personas sino una amenazante masa manipulable. En manada, es más fácil que el hombre sea un lobo para el hombre.

276. La razón de la longevidad española no es la dieta, ni el clima, ni la asistencia sanitaria. Es el tiempo que pasamos en los bares, robado, por tanto, a la soledad.

277. El nacionalismo ha hecho largo el elenco de lugares donde pudo estar el Jardín del

Edén. No es raro que quienes conocen la dehesa en primavera la incluyan entre los posibles candidatos. Para alejar esa publicidad indeseada, debe recordarse que en verano deja de existir. Un sol destructivo arrasa el paisaje y solo quedan polvo y cardos como restos de un esplendor que entonces parece imposible.

278. Son comprensibles los prejuicios contra los calcetines en tonos claros (falta muy grave) y los que tienen dibujitos (falta de grave a muy grave, en función de la edad del portador).

Niceto Alcalá Zamora es un fijo de nuestro Salón de la Infamia Política. A pesar de su indudable inteligencia y de su simpatía, fue un político tan deficiente que ni siquiera el revisionismo actual trata de salvarlo, más allá de que en su pueblo disfrute de casa-museo. En contraste inimaginable con sus habituales botines de charol, don Niceto llevaba a veces calcetines claros con estampados.

279. Lo peor del dolor es que te impide ver el de los demás.

280. Abundan los "expertólogos", expertos en parecer expertos.

281. ¿Declararse? Al matrimonio no se va, se llega.

282. Un caso claro de mentira justificada. Cuando un amigo comienza a contarte una anécdota ya conocida y, por cortesía más o menos voluntaria, te dice: «Quizá te lo he contado». Como lo que quiere no es que tú conozcas la historia, sino el placer de contarla, la amistad exige un «No, cuéntamela, por favor».

283. La derecha clama contra la superioridad moral de la izquierda. No aspiran a declarar la suya, solo les indigna que otros lo hagan. Todavía no se han enterado de que la política es justamente mostrar la superioridad moral de tus propuestas.

284. Las contrariedades pequeñas pueden verse como oportunidades de preparación para las grandes. Mientras estás en la cola de la frutería, esfuérzate por ser paciente

pensando que, cuando te toque, llevarás mejor la quimioterapia.

285. Sí, vale, pero también quien aprieta mucho abarca poco.

286. Del mismo modo que lo que no mata, engorda, lo que no se puede cambiar, te mortifica.

287. No todos los nacionalistas son patriotas. No todos los patriotas son nacionalistas.

288. El buenismo en la contratación lleva a que la mies sea poca y los obreros abundantes.

289. El pleonasmo más inadvertido: matrimonio indisoluble.

290. *Romántica escapada.* ¿De qué huyen?

291. El ángulo muerto resucita en los buenos aforismos.

292. Es una pena que a Marbella le haya ocurrido Marbella.

293. Nostalgia de un oficio artesanal, panadero, por ejemplo, que ve, toca y huele el fruto de su trabajo, en vez de pasar el día entre abstracciones.

294. El pragmatismo de los italianos tiene un límite: la estética. Allí es impensable Benidorm.

295. La elegancia se aprecia mejor en cómo te desatas el nudo de la corbata.

296. *Síndrome de Zacarías*: si dudas, enmudeces.

297. Crece la informalidad de la vestimenta en el trabajo. Camisetas, vaqueros, playeras... Si ya no trabajas para los demás, sino para ti, ponte cómodo.

298. Algo suena extraño en la expresión "segunda vivienda", como es raro hablar de un "segundo cuerpo". Y las dificultades prácticas y las frustraciones que no pocas veces generan quizá tengan que ver con que la capacidad humana solo alcanza para considerar un lugar en el mundo como nuestra casa.

299. A las madres les encanta que les preguntemos por cosas que ya sabemos («Mamá, los huevos necesitan diez minutos de cocción, ¿verdad?») y que ellas saben que sabemos.

300. El gusto de una época se manifiesta con especial claridad en los textos funerarios. Frente al sentimentalismo imperante, uno prefiere llamar a la oración y reposar bajo las mismas palabras que sus padres y los padres de sus padres. Palabras antiguas, más respetuosas con el misterio de la vida, agua de una fuente que una civilización se atrevió a llamar sagradas escrituras.

301. Ni siquiera nuestros más hermosos cortijos admiten la comparación artística con las *country houses*. Unos fueron el producto de un país con fondo de armario cultural, pero ya decadente y autárquico, y otras —pensemos en el esplendor patrimonial de *Blenheim,* no por casualidad apellidado *Palace*—, se hicieron para mostrar las glorias del que acabaría siendo el primer imperio industrial de la historia.

Eso sí: ambas construcciones comparten un sentido familiar de la propiedad, que seguramente tenga que ver con esa sencillez de líneas de la arquitectura hecha *sub specie aeternitatis*.

302. Cuántas veces ataca el cobarde y se rinde el valiente.

303. Al inmaduro le delata su falta de piedad con las imperfecciones humanas.

304. Maldita sea la venta *online*, que está acabando con los escaparates, esos calmantes que los puntuales tomamos para aliviar la espera.

305. En esto del *mindfulness*, se puede ser practicante mientras no seas creyente.

306. Regalar tu propio libro es un pecado de vanidad (¿por qué te parece que debo usar mi tiempo en leerte?). Si se incluye una dedicatoria, además de engreído eres un cursi.

307. Dicho lo anterior, al amigo que te pide que le regales el libro, mándaselo con la

siguiente nota: «Si quieres más ejemplares, solo tienes que decírmelo».

308. ¿Pero a quién se le ha ocurrido que compartir la intimidad —en el amor o en la amistad— implica suprimir la cortesía?

309. Solo los agradecidos pueden asombrarse.

310. Los antiguos sitiadores de mi ciudad firman un acuerdo económico por el que sus hijos pueden nacer en nuestras maternidades conservando la nacionalidad. La noticia pasa desapercibida y así debe ser. Los frutos de la paz son discretos.

311. Las grandes historias tienen puntos de fuga por donde uno puede hacerlas crecer, historias no contadas, pero de algún modo contenidas. Si en *La Boheme* impresiona la muerte de Mimí junto a Rodolfo es también porque cabe imaginar a sus testigos, los hasta entonces frívolos Marcello y Musetta, felizmente casados, recordando ancianos aquella noche fría de París como el verdadero comienzo de su amor.

312. En cualquier paseo se aprecia una mayoría de solitarios con mascotas. Habría que aceptar hombre como animal de compañía.

313. No está mal pasar el puente de la Inmaculada con los niños en Euro Disney, pero a lo mejor se divierten más mirando las estrellas una noche de verano.

314. Los abogados aman el pleonasmo hasta el punto de que a los mejores se les llama juristas de *reconocido prestigio*.

315. Va urgiendo un ensayo titulado "Contra los que están en contra".

316. Un amor crecido en un bar-cafetería llamado "El Teodoro" (no Teodoro a secas), en tardes provincianas de patatas fritas y coca cola («¿nos pedimos otra a medias?») afronta sin idealismos todas las amarguras de la vida.

317. Al que piense que es un buen padre por cambiar pañales y dar biberones le espero en la adolescencia.

318. Algunos jefes te pidan que ganes la batalla de Stalingrado y cuando vuelves victorioso, sin felicitarte ni darte las gracias, te reprochan esa manchita de sangre en la guerrera.

319. Hay que ver lo cómodos que viven en este tiempo sus más feroces críticos.

320. El reaccionario clama por el respeto a la naturaleza humana, pero su desesperanza acaba por negarla.

321. 1966. Se ha producido un terremoto cerca de Beijing. Una maestra avisa a sus estudiantes: si vuelve a temblar la tierra, salid lo antes posible de la escuela. Las más concienciadas le preguntan si deberían llevarse el retrato de Mao que preside la clase. Ella se limita a repetir el mensaje. Un tiempo después, varias alumnas la golpean con palos hasta que muere. Se llamaba Bian Zhongyun y fue la primera víctima de la Revolución Cultural (dos millones de muertos). Busquen ustedes en Google si alguna calle la recuerda.

322. De grandes penas están las sepulturas llenas.

323. «No se puede vivir del pasado». En realidad, solo se puede vivir del pasado.

324. Para el ideal de caballero (sobre todo, en su vejez): vivir con poco, morir con menos.

325. Qué manía tenemos los cristianos con agradecer los éxitos y no los fracasos. Tras la derrota, nada mejor que un *Te Deum*.

ESTE LIBRO, PUBLICADO POR
EDICIONES RIALP, S.A.,
MANUEL URIBE 13-15, 28033 MADRID,
SE TERMINÓ DE IMPRIMIR EN
ESTILO ESTUGRAF, S. L.,
CIEMPOZUELOS (MADRID),
EL DÍA 15 DE ABRIL DE 2024.